ORDONNANCE DU ROI,

Pour former les Bataillons de Milice en Régimens Provinciaux.

Du 4 Août 1771.

DE PAR LE ROI.

SA MAJESTÉ connoiſſant le mérite & la fidélité des ſervices qui lui ont été rendus par le corps de la Milice dans toutes les circonſtances, & particulièrement, par les régimens de Grenadiers-royaux dans les deux dernières guerres; deſirant donner des marques de ſa bienveillance à ce Corps formé par une partie ſi précieuſe du peuple François, & lui procurer les moyens de donner des preuves encore plus fortes de ſon zèle, & de rendre tous les ſervices qu'on doit attendre d'une auſſi bonne eſpèce d'hommes: Sa Majeſté s'eſt déterminée à lui donner une conſtitution plus ſolide & plus rapprochée de celle de ſon Infanterie, en réuniſſant pluſieurs bataillons pour en former des Régimens Provinciaux: Et voulant faire connoître ses intentions à ce sujet, a ordonné & ordonne ce qui suit :

ARTICLE PREMIER.

LE nom de Milice sera désormais abrogé & changé en celui de *Régimens Provinciaux ;* celui de Milicien sera aussi changé en celui de *Sodat Provincial.*

2.

LE bataillon de Saint-Brieuc, de la province de Bretagne, sera supprimé.

Les cent quatre bataillons restans, formeront désormais quarante-sept Régimens Provinciaux, relativement à la force des généralités qui les fournissent; douze de ces régimens seront composés de trois bataillons chacun; trente-trois de deux bataillons, & deux d'un bataillon seulement, ainsi qu'il sera expliqué ci-après.

Les bataillons d'Amiens, de Péronne & d'Abbeville, formeront le premier régiment; il portera le nom de *Péronne,* & sera composé de trois bataillons.

Les bataillons de Châlons, Saint-Dizier & Mazarin, formeront le deuxième régiment; il portera le nom de *Châlons,* & sera composé de trois bataillons.

Les bataillons de Troyes & de Chaumont, formeront le troisième régiment; il portera le nom de *Troyes,* & sera composé de deux bataillons.

Les bataillons de Rouen, Vernon & Gisors, formeront le quatrième régiment; il portera le nom de *Rouen,* & sera composé de trois bataillons.

Les bataillons de Pont-Audemer & de Neufchâtel, formeront le cinquième régiment; il portera le nom de *Pont-Audemer,* & sera composé de deux bataillons.

Les bataillons de Caen, Saint-Lo & Vire, formeront le sixième régiment; il portera le nom de *Caen,* & sera composé de trois bataillons.

Les bataillons d'Alençon & de Mortagne, formeront le septième régiment; il portera le nom d'*Alençon,* & sera composé de deux bataillons.

Les bataillons d'Argentan & de Falaiſe, formeront le huitième régiment; il portera le nom d'*Argentan*, & ſera compoſé de deux bataillons.

Les bataillons de Moulins & de Montluçon, formeront le neuvième régiment; il portera le nom de *Moulins*, & ſera compoſé de deux bataillons.

Les bataillons de Clermont & de Brioude, formeront le dixième régiment; il portera le nom de *Clermont*, & ſera compoſé de deux bataillons.

Les bataillons de Lille & de Valenciennes, formeront le onzième régiment; il portera le nom de *Lille*, & ſera compoſé de deux bataillons.

Les bataillons de Figeac, Cahors & Rhodez, formeront le douzième régiment; il portera le nom de *Montauban*, & ſera compoſé de trois bataillons.

Les bataillons d'Auch, Saint-Gaudens & Saint-Sever, formeront le treizième régiment; il portera le nom d'*Auch*, & ſera compoſé de trois bataillons.

Les bataillons de Nerac & de Villeneuve-d'Agénois, formeront le quatorzième régiment; il portera le nom de *Bordeaux*, & ſera compoſé de deux bataillons.

Les bataillons de Marmande & de Libourne, formeront le quinzième régiment; il portera le nom de *Marmande*, & ſera compoſé de deux bataillons.

Les bataillons de Périgueux & de Bergerac, formeront le ſeizième régiment; il portera le nom de *Périgueux*, & ſera compoſé de deux bataillons.

Les bataillons de Poitiers, Saint-Maixent & Fontenay-le-comte, formeront le dix-ſeptième régiment; il portera le nom de *Poitiers*, & ſera compoſé de trois bataillons.

Les bataillons de Montbriſon & de Tarare, formeront le dix-huitième régiment; il portera le nom de *Lyon*, & ſera compoſé de deux bataillons.

Le bataillon de Saint-Jean-d'Angely, formera le dix-neuvième régiment; il portera le nom de la *Rochelle*, & ſera compoſé d'un ſeul bataillon.

Les bataillons de Tours, Saumur & Angers, formeront le vingtième régiment; il portera le nom de *Tours*, & ſera compoſé de trois bataillons.

Les bataillons du Mans & de Mayenne, formeront le

vingt - unième régiment ; il portera le nom du *Mans*, & fera composé de deux bataillons.

Les bataillons de Valence & de Romans, formeront le vingt-deuxième régiment ; il portera le nom de *Valence*, & fera composé de deux bataillons.

Le bataillon de la ville de Paris, formera le vingt-troisième régiment ; il portera le nom de *Paris*, & fera composé d'un seul bataillon.

Les bataillons de Senlis & de Saint-Denys, formeront le vingt-quatrième régiment ; il portera le nom de *Senlis*, & fera composé de deux bataillons.

Les bataillons de Mantes & de Corbeil, formeront le vingt-cinquième régiment ; il portera le nom de *Mantes*, & fera composé de deux bataillons.

Les bataillons de Joigny & de Provins, formeront le vingt-sixième régiment ; il portera le nom de Joigny, & fera composé de deux bataillons.

Les bataillons de Soissons, Laon & Noyon, formeront le vingt-septième régiment ; il portera le nom de *Soissons*, & fera composé de trois bataillons.

Les bataillons de Limoges & d'Angoulême, formeront le vingt-huitième régiment ; il portera le nom de *Limoges*, & fera composé de deux bataillons.

Les bataillons d'Orléans & de Blois, formeront le vingt-neuvième régiment ; il portera le nom de *Blois*, & fera composé de deux bataillons.

Les bataillons de Chartres & de Montargis, formeront le trentième régiment ; il portera le nom de *Montargis*, & fera composé de deux bataillons.

Les bataillons de Rennes & de Dinan, formeront le trente-unième régiment ; il portera le nom de *Rennes*, & fera composé de deux bataillons.

Les bataillons de Nantes & de Redon, formeront le trente-deuxième régiment ; il portera le nom de *Nantes*, & fera composé de deux bataillons.

Les bataillons de Vannes & de Carhaix, formeront le trente-troisième régiment ; il portera le nom de *Vannes*, & fera composé de deux bataillons.

Les bataillons de Nanci & de Zarguemines, formeront le trente-quatrième régiment ; il portera le nom de *Nanci*, & fera composé de deux bataillons.

Les bataillons de Bar-le-duc & d'Eſtaing, formeront le trente-cinquième régiment; il portera le nom de *Bar-le-duc*, & ſera compoſé de deux bataillons.

Les bataillons de Metz & de Verdun, formeront le trente-ſixième régiment; il portera le nom de *Verdun*, & ſera compoſé de deux bataillons.

Les premier & deuxième bataillons d'Arras, formeront le trente-ſeptième régiment; il portera le nom d'*Arras*, & ſera compoſé de deux bataillons.

Les bataillons de Bourges & de Châteauroux, formeront le trente-huitième régiment; il portera le nom de *Bourges*, & ſera compoſé de deux bataillons.

Les bataillons de Straſbourg & de Colmar, formeront le trente-neuvième régiment; il portera le nom de *Colmar*, & ſera compoſé de deux bataillons.

Les bataillons de Dijon & de Semur, formeront le quarantième régiment; il portera le nom de *Dijon*, & ſera compoſé de deux bataillons.

Les bataillons d'Autun, Challon-ſur-Saône & Bourg-en-Breſſe, formeront le quarante-unième régiment; il portera le nom d'*Autun*, & ſera compoſé de trois bataillons.

Les bataillons de Montpellier, Béziers & Carcaſſonne, formeront le quarante-deuxième régiment; il portera le nom de *Montpellier*, & ſera compoſé de trois bataillons.

Les bataillons d'Alby & de Caſtelnaudarry, formeront le quarante-troiſième régiment; il portera le nom d'*Alby*, & ſera compoſé de deux bataillons.

Les bataillons d'Anduſe & de Privas, formeront le quarante-quatrième régiment; il portera le nom d'*Anduſe*, & ſera compoſé de deux bataillons.

Les bataillons de Salins, Dôle & Lons-le-Saunier, formeront le quarante-cinquième régiment; il portera le nom de *Salins*, & ſera compoſé de trois bataillons.

Les bataillons de Véſoul & d'Ornans, formeront le quarante-ſixième régiment; il portera le nom de *Véſoul*, & ſera compoſé de deux bataillons.

Enfin, les premier & deuxième bataillons d'Aix, formeront le quarante-ſeptième régiment; il portera le nom d'*Aix*, & ſera compoſé de deux bataillons.

Lesdits régimens marcheront entr'eux, ainsi qu'ils sont dénommés ci-dessus, & avant les régimens d'Infanterie, créés depuis le 25 février 1726; époque de l'établissement des Milices, conformément à ce qui a été prescrit par l'Ordonnance du 27 novembre 1765.

3.

CHACUN des bataillons de ces quarante-sept régimens, sera composé de huit compagnies, dont une de Grenadiers-royaux, une de Grenadiers-provinciaux, & six de Fusiliers.

4.

CHAQUE compagnie de Grenadiers-royaux & de Grenadiers-provinciaux, sera commandée par un Capitaine, un Lieutenant & un second Lieutenant; & composée d'un Fourrier, deux Sergens, quatre Caporaux, quatre Appointés, quarante Grenadiers & un Tambour, faisant cinquante-deux hommes.

5.

CHAQUE compagnie de Fusiliers sera commandée par un Capitaine & un Lieutenant; & composée d'un Fourrier, trois Sergens, six Caporaux, six Appointés, trente-six Fusiliers & un Tambour, faisant cinquante-trois hommes.

6.

LES quatre Caporaux, les quatre Appointés & les quarante Grenadiers, formeront quatre escouades de douze hommes chacune, y compris le Caporal & l'Appointé, qui en feront les chefs continuels, l'Appointé étant subordonné au Caporal.

Les six Caporaux, les six Appointés & les trente-six Fusiliers, formeront six escouades de huit hommes chacune, dont un Caporal & un Appointé.

Les escouades des Grenadiers se formeront par files, & leur formation sera exécutée de la manière qui est prescrite pour les compagnies de Grenadiers de l'Infanterie, par les articles 21 & 22 de l'Ordonnance du 19 juin dernier.

Les escouades de Fusiliers se formeront par rang, & les Fusiliers seront placés dans les escouades par rang d'ancienneté; de sorte que les six premiers Fusiliers formeront la première escouade; les six qui les suivent, formeront la seconde, & ainsi des autres, conformément à ce qui a été réglé par les articles 8 & 9 de ladite Ordonnance du 19 juin dernier. Veut Sa Majesté que les dispositions contenues dans ladite Ordonnance, soient appliquées aux régimens de Grenadiers-royaux & régimens provinciaux, non-seulement pendant leur séjour dans les quartiers où ils seront assemblés, mais encore lorsqu'ils seront détachés sur les frontières, ou employés dans les armées.

7.

L'ÉTAT-MAJOR de chacun des quarante-sept régimens provinciaux, sera composé d'un Colonel, un Lieutenant-colonel, un Major & d'autant d'Aides-major qu'il y aura de bataillons à chaque régiment; il sera aussi établi deux Enseignes par bataillon.

8.

LES cent quatre compagnies de Grenadiers-royaux desdits régimens, formeront onze régimens de Grenadiers-royaux.

L'État-major de chacun de ces régimens, sera composé d'un Colonel, un Lieutenant-colonel, un Major & un Aide-major: ces régimens n'auront point de drapeaux; il y sera établi pendant la guerre seulement, un Aumônier & un Chirurgien.

9.

LESDITS régimens de Grenadiers-royaux, seront composés des compagnies de Grenadiers-royaux ci-après:

Les trois compagnies du régiment d'Auch, les deux de celui de Bordeaux, les deux de celui de Marmande, les deux de celui de Périgueux, & celle du régiment de la Rochelle, formant dix compagnies, composeront le premier régiment, qui portera le nom de *régiment de Grenadiers-royaux de la Guyenne.*

Les trois compagnies du régiment de Tours, les trois de celui de Poitiers, les deux de celui du Mans, & les deux de celui de Limoges, formant dix compagnies, composeront le second régiment, qui portera le nom de *régiment de Grenadiers-royaux du Poitou.*

Les deux compagnies du régiment de Moulins, les deux de celui de Clermont, les deux de celui de Lyon, les deux de celui de Valence, & les deux de celui d'Aix, formant dix compagnies, composeront le troisième régiment, qui portera le nom de *régiment de Grenadiers-royaux du Dauphiné.*

Les deux compagnies du régiment de Senlis, les deux de celui de Mantes, les deux de celui de Joigny, celle du régiment de Paris, & les deux de celui de Lille, formant neuf compagnies, composeront le quatrième régiment, qui portera le nom de *régiment de Grenadiers-royaux de l'Isle de France.*

Les trois compagnies du régiment de Châlons, les deux de celui de Troyes, & les trois de celui de Soissons, formant huit compagnies, composeront le cinquième régiment, qui portera le nom de *régiment de Grenadiers-royaux du Soissonnois.*

Les deux compagnies du régiment d'Alençon, les deux de celui d'Argentan, les deux de celui de Blois, les deux de celui de Montargis, & les deux de celui de Bourges, formant dix compagnies, composeront le sixième régiment, qui portera le nom de *régiment de Grenadiers-royaux de l'Orléanois.*

Les deux compagnies du régiment de Rennes, les deux de celui de Nantes, les deux de celui de Vannes, & les trois de celui de Caen, formant neuf compagnies, composeront le septième régiment, qui portera le nom de *régiment de Grenadiers-royaux de la Bretagne.*

Les deux compagnies du régiment de Colmar, les deux de celui de Nanci, les deux de celui de Bar-le-duc, & les deux de celui de Verdun, formant huit compagnies, composeront le huitième régiment, qui portera le nom de *régiment de Grenadiers-royaux de la Lorraine.*

Les trois compagnies du régiment de Rouen, les deux de celui de Pont-Audemer, les trois de celui de Péronne, & les deux de celui d'Arras, formant dix compagnies, composeront le neuvième régiment, qui portera le nom de *régiment de Grenadiers-royaux de l'Artois.*

Les trois compagnies du régiment de Montauban, les trois de celui de Montpellier, les deux de celui d'Anduse, & les deux de celui d'Alby, formant dix compagnies, composeront le dixième régiment, qui portera le nom de *régiment de Grenadiers-royaux du Languedoc.*

Et les deux compagnies du régiment de Dijon, les trois de celui d'Autun, les trois de celui de Salins, & les deux de celui de Vésoul, formant dix compagnies, composeront le onzième régiment, qui portera le nom de *régiment de Grenadiers-royaux du comté de Bourgogne.*

Lesdits régimens de Grenadiers-royaux, précèderont tous les régimens Provinciaux, ainsi que tous autres régimens créés depuis le 25 février 1726; & le rang des Officiers entr'eux, tant des régimens de Grenadiers-royaux que des régimens Provinciaux, sera réglé par la date de leurs commissions, lettres ou brevets dans quelque Corps qu'ils aient servi; mais ceux qui auront une interruption volontaire de plus d'un an dans leur service, prendront rang seulement du jour qu'ils entreront dans lesdits régimens.

10.

L'HABIT des Officiers & Soldats desdits régimens de Grenadiers-royaux & régimens Provinciaux, sera, ainsi qu'il a été réglé par l'Ordonnance du 27 novembre 1765, de drap blanc, & aura des revers blancs; la veste & la culotte seront aussi de drap blanc; le collet & les paremens seront bleus; poche ordinaire avec quatre boutons, les deux du milieu plus rapprochés; six boutons aux revers, de deux en deux, quatre au-dessous de même; & quatre sur le parement, aussi de deux en deux; les boutons blancs, plats & unis, & le chapeau bordé d'argent.

Les boutons des Officiers & des Grenadiers des régimens de Grenadiers-royaux, seront également blancs, timbrés d'une grenade au milieu, goudronnés de cinq fleurs-de-lis à distances égales, & d'une chaînette intermédiaire.

Les Officiers de Grenadiers & les Grenadiers, auront une épaulette distinctive, savoir; ceux du régiment des Grenadiers-royaux de la Guyenne, une épaulette de couleur bleue; ceux du Poitou, de couleur rouge-garence; ceux du Dauphiné, de couleur violette; ceux de l'Isle de France, de couleur aurore; ceux du Soiſſonnois, de couleur bleue & blanche; ceux de l'Orléanois, de couleur verte; ceux de la Bretagne, de couleur noire; ceux de la Lorraine, de couleur rouge & blanche; ceux de l'Artois, de couleur jaune & blanche; ceux du Languedoc, de couleur rouge & noire; & ceux du comté de Bourgogne, de couleur verte & blanche.

11.

SA MAJESTÉ a bien voulu, pour le ſoulagement de ſes peuples, ſe porter, pour cette année, à une réduction conſidérable dans les compagnies de Fuſiliers, dans l'objet d'éviter une nouvelle levée, qu'il ſeroit néceſſaire de faire, pour mettre chaque bataillon au nombre fixé par l'Ordonnance du 27 novembre 1765, à laquelle Elle n'entend point cependant déroger à cet égard; & ſon intention eſt, que les hommes qui ont été levés en exécution de ſes Ordonnances des 27 novembre 1765, 20 novembre 1766, 22 novembre 1767 & 12 novembre 1768, ſoient aſſemblés, à commencer du 15 du mois de Septembre prochain, aux quartiers qui leur ſeront aſſignés, pour être employés à la formation deſdits régimens Provinciaux. Les hommes qui compoſeront leſdits régimens, ſeront aſſemblés pendant neuf jours; mais ceux qui ſe trouveront excédans à la compoſition, qui eſt réglée par la préſente Ordonnance, ſeront renvoyés du quartier d'aſſemblée, après y avoir paſſé trois jours, compris le jour d'arrivée & celui du départ, pour être rappelés l'année prochaine.

12.

SA MAJESTÉ donnera ſes ordres pour qu'il ſe trouve à l'avance aux lieux d'aſſemblée, des Commiſſaires des guerres pour y faire préparer les logemens & les ſubſiſtances néceſſaires, y recevoir & faire loger les Soldats provinciaux, à meſure qu'ils y arriveront, & à chacun deſquels ſeront délivrés l'habillement, l'équipement & l'armement, qui ſont dans les magaſins, où ces effets ſeront remis le jour de la ſéparation des régimens Provinciaux, ainſi que leurs drapeaux & les caiſſes des Tambours.

13.

SA MAJESTÉ fera rendre pareillement aux lieux d'aſſemblée, les Officiers qu'Elle aura choiſis pour commander & pour être employés dans leſdits régimens; voulant que ceux qui en ſont les chefs, s'emploient, conjointement avec les Commiſſaires des guerres, à former chaque compagnie, auſſitôt l'arrivée des hommes; en obſervant de mettre de préférence, dans la même compagnie, ceux des Paroiſſes qui ſe trouveront le plus à portée les unes des autres, à l'exception des compagnies de Grenadiers-royaux & Grenadiers-provinciaux, qui doivent être complétées de ce qui ſe trouvera de meilleur, ſans égard à l'arrondiſſement des communautés: Et comme Sa Majeſté met le plus grand intérêt, à ce que les compagnies de Grenadiers-royaux ſoient compoſées des hommes les plus diſtingués, tant par la figure que par la taille; Elle autoriſe le Colonel, le Lieutenant-colonel ou le Major de chaque régiment de Grenadiers-royaux, à ſe trouver aux lieux d'aſſemblée des régimens Provinciaux, dont les compagnies de Grenadiers ſeront deſtinées pour leur régiment, afin de ſe concerter, même de procéder au choix des ſujets qui devront compoſer ces compagnies.

14.

SA MAJESTÉ, en donnant ſes ordres pour la ſuppreſſion du corps des Grenadiers de France, a réglé en même temps que tous les Fourriers, Sergens, Caporaux, Appointés, Grenadiers & Tambours, qui avoient été tirés des régimens d'Infanterie qui ont été ſupprimés, ou des régimens de Grenadiers-royaux, ſeront incorporés dans les compagnies de Grenadiers-royaux de leur province; Elle les fera rendre à cet effet aux quartiers d'aſſemblée: Et ſon intention eſt que les Fourriers, Sergens, Caporaux & Appointés ſoient placés dans ces régimens ſuivant leur grade; Elle entend de même que ceux qui n'auront pu être nommés à des places de leur grade, prennent la tête des Grenadiers, & conservent, en attendant qu'ils puissent y passer, la solde qu'ils avoient comme bas Officiers, laquelle leur sera payée conformément à celle qui est réglée pour leur grade par la présente Ordonnance.

15.

SA MAJESTÉ voulant donner à ces Grenadiers incorporés, un témoignage particulier de la satisfaction qu'Elle a de leurs services : Son intention est que tous ceux qui seront dans le cas de jouir de la haute-paye qui est accordée aux anciens Soldats d'une partie de ses troupes par l'Ordonnance du 16 avril dernier, soient payés de celle qui leur sera réglée lors de la suppression du corps des Grenadiers de France, en conséquence de l'ancienneté de leurs services, & conformément à ladite Ordonnance; cette haute-paye ne sera susceptible d'aucune progression pendant la paix, mais elle leur sera payée toute l'année, soit que lesdits régimens soient assemblés, soit que les Grenadiers soient rentrés dans leurs Paroisses; Sa Majesté entend même qu'ils portent sur leur habit les marques distinctives que l'ancienneté de leurs services leur aura procurées, & que ceux qui auront obtenu la vétérance, emportent chez eux l'habit qui leur sera fourni aux régimens de Grenadiers-royaux; Sa Majesté se réserve au surplus de leur régler à l'échéance de l'engagement qu'ils avoient contracté dans le corps des Grenadiers de France, la solde dont ils devront jouir s'ils desirent se retirer chez eux, & d'accorder les Invalides à ceux qui seront dans le cas de mériter cette grâce.

16.

ET comme il peut arriver que quelques-uns des bas Officiers, Grenadiers & Tambours incorporés, soient rendus aux quartiers d'assemblée avant l'époque qui aura été fixée pour l'assemblée des régimens Provinciaux; l'intention de Sa Majesté est qu'ils y soient payés de leur solde, à commencer du jour de leur arrivée, laquelle se trouvera constatée par la route de Sa Majesté, qui les aura conduits audit quartier d'assemblée.

17.

LES régimens Provinciaux, après avoir passé neuf jours aux quartiers d'assemblée, seront séparés, & les Grenadiers-provinciaux & Fusiliers renvoyés chez eux; mais Sa Majesté entend qu'avant cette séparation, la compagnie de Grenadiers-royaux soit tirée de chaque bataillon, pour être employée à la formation des régimens de Grenadiers-royaux, suivant la distribution qui en a été réglée par la présente Ordonnance. Sa Majesté donnera ses ordres pour faire rendre lesdites compagnies de Grenadiers-royaux dans les villes qui seront désignées pour leur assemblée, où elles demeureront vingt-un jours; après lesquels, lesdites compagnies retourneront au quartier d'assemblée de leur bataillon, pour remettre aux magasins leur habillement, leur équipement & leur armement; lesdits effets étant déposés, les Grenadiers partiront le lendemain de leur arrivée audit quartier, pour retourner dans leurs paroisses.

18.

L'INTENTION de Sa Majesté est qu'il soit dressé par les Commissaires des guerres, des procès-verbaux de la composition des régimens de Grenadiers-royaux & régimens Provinciaux, dont il sera envoyé des doubles au Secrétaire d'État ayant le département de la guerre; Elle entend en même temps, que ceux qui seront chargés de la police de ces derniers régimens, joignent à leurs procès-verbaux, des contrôles nominatifs, par compagnie, dans lesquels seront désignés le signalement exact de chaque homme, son âge & le lieu d'où il est, avec le nom de la subdélégation; ils enverront aussi un contrôle particulier des Soldats provinciaux qui se seront rendus aux quartiers d'assemblée, & qui ne seront pas entrés dans la composition desdits régimens.

19.

L'INTENTION de Sa Majesté est que pendant l'assemblée,

tant des régimens de Grenadiers-royaux que des régimens Provinciaux, il ſoit fait pluſieurs fois des revues d'appel par les Commiſſaires des guerres, leſquelles ſeront terminées par une revue de ſubſiſtance : Ordonne auſſi Sa Majeſté que leſdits régimens ſoient exercés au moins une fois par jour, & formés au maniement des armes.

20.

Les appointemens & ſolde des régimens de Grenadiers-royaux & de Grenadiers-provinciaux, leur ſeront payés pendant le temps qu'ils ſeront employés, ſur le pied;

SAVOIR:

COMPAGNIES DE GRENADIERS-ROYAUX.	EN GARNISON.			EN CAMPAGNE.		
	Par jour.	Par mois.	Par an.	Par jour.	Par mois.	Par an.
Le Capitaine, quatre livres par jour en garniſon, & cinq livres onze ſous un denier un tiers en campagne, ci....	4l. //s. //d.	120l. //s. //d.	1400.	5l. 11s. 1d. $\frac{1}{3}$	166l. 13s. 4d.	2000.
Le Lieutenant, une livre ſeize ſous par jour en garniſon, & deux liv. dix ſous en campagne, ci........	1. 16. //	54. // //	648.	2. 10. //	75. // //	900.
Le Second Lieutenant, une livre ſix ſous huit den. par jour en garniſon, & une livre treize ſous quatre den. en campagne, ci........	1. 6. 8	40. // //	480.	1. 13. 4	50. // //	600.
Le Fourrier, treize ſous quatre deniers par jour en garniſon, & treize ſous huit deniers en campagne, ci...	// 13. 4	20. // //	240.	// 13. 8	20. 10. //	246.
Chaque Sergent, douze ſous quatre deniers par jour en garniſon, & douze ſous huit den. en campagne, ci..	// 12. 4	18. 10. //	222.	// 12. 8	19. // //	228.
Chaque Caporal, huit ſous huit den. par jour en garniſon, & neuf ſous en campagne, ci	// 8. 8	13. // //	156.	// 9. //	13. 10. //	162.
Chaque Appointé, ſept ſous huit deniers par jour en garniſon, & huit ſous en campagne, ci..........	// 7. 8	11. 10. //	138.	// 8. //	12. // //	144.

	EN GARNISON.							EN CAMPAGNE.						
	Par jour.			Par mois.			Par an.	Par jour.			Par mois.			Par an.
Chaque Grenadier-royal, six sous huit deniers par jour en garnison, & sept sous en campagne, ci..........	//l	6s	8d	10l	//s	//d	120l	//l	7s	//d	10l	10s	//d	126l
Le Tambour, huit sous huit den. par jour en garnison, & neuf sous en campagne, ci	//	8.	8	13.	//	//	156.	//	9.	//	13.	10.	//	162.
COMPAGNIES DE GRENADIERS-PROVINCIAUX.														
Le Capitaine, trois livres dix sous par jour en garnison, & quatre liv. trois sous quatre deniers en campagne, ci...	3.	10.	//	105.	//	//	1260.	4.	3.	4	125.	//	//	1500.
Le Lieutenant, une livre dix sous par jour en garnison, & une livre treize sous quatre deniers en campagne, ci...	1.	10.	//	45.	//	//	540.	1.	13.	4	50.	//	//	600.
Le Second Lieutenant, une livre cinq sous par jour en garnison, & une livre dix sous en campagne, ci....	1.	5.	//	37.	10.	//	450.	1.	10.	//	45.	//	//	540.
Le Fourrier, douze sous quatre deniers par jour en garnison, & douze sous huit den. en campagne, ci.....	//	12.	4	18.	10.	//	222.	//	12.	8	19.	//	//	228.
Chaque Sergent, onze sous quatre deniers par jour en garnison, & onze sous huit deniers en campagne, ci...	//	11.	4	17.	//	//	204.	//	11.	8	17.	10.	//	210.
Chaque Caporal, sept sous huit den. par jour en garnison, & huit sous en campagne, ci	//	7.	8	11.	10.	//	138.	//	8.	//	12.	//	//	144.
Chaque Appointé, six sous huit den. par jour en garnison, & sept sous en campagne, ci	//	6.	8	10.	//	//	120.	//	7.	//	10.	10.	//	126.
Chaque Grenadier-provincial, cinq sous huit den. par jour en garnison, & six sous en campagne, ci....	//	5.	8	8.	10.	//	102.	//	6.	//	9.	//	//	108.
Le Tambour, sept sous huit den. par jour en garnison, & huit sous en campagne, ci	//	7.	8	11.	10.	//	138.	//	8.	//	12.	//	//	144.
COMPAGNIES DE FUSILIERS.														
Le Capitaine, trois livres														

	EN GARNISON.			EN CAMPAGNE.		
	Par jour.	Par mois.	Par an.	Par jour.	Par mois.	Par an.
cinq ſous par jour en garniſon, & trois livres ſix ſous huit den. en campagne, ci..	3 l 5 s ″ d	97 l 10 s ″ d	1170 l	3 l 6 s 8 d	100 l ″ s ″ d	1200 l
Le Lieutenant, une livre ſix ſous huit deniers par jour en garniſon, & une livre dix ſous en campagne, ci.....	1. 6. 8	40. ″ ″	480.	1. 10. ″	45. ″ ″	540.
Le Fourrier, douze ſous quatre deniers par jour en garniſon, & douze ſous huit den. en campagne, ci....	″ 12. 4	18. 10. ″	222.	″ 12. 8	19. ″ ″	228.
Chaque Sergent, onze ſous quatre deniers par jour en garniſon, & onze ſous huit den. en campagne, ci....	″ 11. 4	17. ″ ″	204.	″ 11. 8	17. 10. ″	210.
Chaque Caporal, ſept ſous huit den. par jour en garniſon, & huit ſous en campagne, ci...	″ 7. 8	11. 10. ″	138.	″ 8. ″	12. ″ ″	144.
Chaque Appointé, ſix ſous huit den. par jour en garniſon, & ſept ſous en campagne, ci...	″ 6. 8	10. ″ ″	120.	″ 7. ″	10. 10. ″	126.
Chaque Fuſilier, cinq ſous huit den. par jour en garniſon, & ſix ſous en campagne, ci...	″ 5. 8	8. 10. ″	102.	″ 6. ″	9. ″ ″	108.
Le Tambour, ſept ſous huit den. par jour en garniſon, & huit ſous en campagne, ci...	″ 7. 8	11. 10. ″	138.	″ 8. ″	12. ″ ″	144.
***ÉTAT-MAJOR** des Régimens DE GRENADIERS-ROYAUX.*						
Le Colonel de chaque reg.nt de Grenadiers-royaux, huit livres ſix ſous huit den. par jour en garniſon, & ſeize livres treize ſous quatre den. en campagne, ci........	8. 6. 8	250. ″ ″	3000.	16. 13. 4	500. ″ ″	6000.
Le Lieutenant-colonel, ſix livres dix-huit ſous dix deniers deux tiers en garniſon, & treize livres dix-ſept ſous neuf deniers un tiers en campagne, ci.............	6. 18. 10$\frac{2}{3}$	208. 6. 8	2500.	13. 17. 9$\frac{1}{3}$	416. 13. 4	5000.
Le Major, cinq liv. onze ſous un denier un tiers par jour en garniſon, & onze						

	EN GARNISON.			EN CAMPAGNE.		
	Par jour.	Par mois.	Par an.	Par jour.	Par mois.	Par an.
livres deux sous deux deniers deux tiers en campagne, ci...	$5^{l}\ 11^{s}\ 1^{d}\frac{1}{3}$	$166^{l}\ 13^{s}\ 4^{d}$	2000^{l}	$11^{l}\ 2^{s}\ 2^{d}\frac{2}{3}$	$333^{l}\ 6^{s}\ 8^{d}$	4000^{l}
L'Aide-major, trois livres par jour en garnison, & quatre livres trois sous quatre deniers en campagne, ci.........	3. // //	90. // //	1080.	4. 3. 4	125. // //	1500.
L'Aumônier qui sera attaché à chaque régiment en campagne, aura une livre sept sous neuf deniers un tiers par jour, ci..............	....	....	......	1. 7. $9\frac{1}{3}$	41. 13. 4	500.
Le Chirurgien qui sera employé pour le même temps, une livre sept sous neuf den. un tiers par jour, ci......	....	....	......	1. 7. $9\frac{1}{3}$	41. 13. 4	500.
ÉTAT-MAJOR *des* *RÉGIMENS PROVINCIAUX.*						
Le Colonel de chaque régiment Provincial, cinq livres onze sous un denier un tiers par jour en garnison, & onze livres deux sous deux deniers deux tiers en campagne, ci.............	5. 11. $1\frac{1}{3}$	166. 13. 4	2000.	11. 2. $2\frac{2}{3}$	333. 6. 8	4000.
Le Lieutenant-colonel, six livres treize sous quatre deniers par jour en garnison, & dix liv. en campagne, ci...	6. 13. 4	200. // //	2400.	10. // //	300. // //	3600.
Le Major, cinq livres par jour en garnison, & six liv. treize sous quatre deniers en campagne, ci..........	5. // //	150. // //	1800.	6. 13. 4	200. // //	2400.
Chaque Aide-major, deux livres dix sous par jour en garnison, & trois liv. six sous huit den. en campagne, ci...	2. 10. //	75. // //	900.	3. 6. 8	100. // //	1200.
Chaque Enseigne, une livre par jour en garnison, & une livre cinq sous en campagne, ci.........	1. // //	30. // //	360.	1. 5. //	37. 10. //	450.

21.

LESDITS régimens seront payés des appointemens &

ſolde ci-deſſus réglés, pendant le temps de leur aſſemblée; & le décompte leur ſera fait des gratifications qui leur ont été accordées par les articles 30, 32 & 46 de l'Ordonnance du 27 novembre 1765, tant pour aller aux quartiers d'aſſemblée, que pour s'en retourner chez eux, à l'effet de les dédommager de leurs frais de voyages; les hommes qui ſe trouveront excéder la compoſition qui a été preſcrite, participeront à ces gratifications, & ils ſeront payés de leur ſolde pendant les trois jours qu'ils reſteront aux quartiers d'aſſemblée.

Voulant au ſurplus Sa Majeſté, que la paye de campagne ne ſoit donnée qu'à ceux deſdits régimens qui ſerviront en campagne, à commencer du jour de leur arrivée à l'armée juſqu'à celui de leur départ de l'armée, & que ceux qui demeureront en garniſon pendant la guerre, ne touchent que la paye réglée en garniſon.

22.

L'ARTICLE 47 de ladite Ordonnance du 27 novembre 1765, aura ſon exécution, eu égard à la petite ſolde qui eſt réglée par jour, pendant le temps que les régimens ſeront diſperſés à l'avenir dans les provinces, aux Fourriers, Sergens, Caporaux, Appointés, Grenadiers & Tambours des compagnies de Grenadiers-royaux, & aux Fourriers & Sergens des compagnies de Grenadiers-provinciaux & de Fuſiliers; mais le décompte ne leur ſera point fait à cette aſſemblée-ci, n'ayant encore fait aucun ſervice.

23.

LES Officiers qui doivent compoſer l'État-major des régimens de Grenadiers-royaux & des régimens Provinciaux, ſeront payés toute l'année des appointemens qui ſont fixés en garniſon, à commencer ſeulement du jour qu'ils ſeront aſſemblés, ne devant point avoir part à la gratification qui leur avoit été réglée, pour les dédommager des frais de voyage; mais Sa Majeſté entend que pendant le temps que lesdits régimens resteront dans les provinces, il ne soit payé qu'un mois d'appointemens aux Capitaines, Lieutenans & seconds Lieutenans des compagnies de Grenadiers-royaux & provinciaux, de même qu'aux Capitaines seulement des compagnies de Fusiliers; dérogeant à cet égard, Sa Majesté, à l'article 36 de l'Ordonnance du 27 novembre 1765.

24.

LORSQU'IL vaquera quelqu'emploi dans lesdits régimens de Grenadiers-royaux & provinciaux, il y sera pourvu sur les mémoires qui seront adressés à cet effet au Secrétaire d'État ayant le département de la guerre, par les Colonels desdits régimens; se réservant néanmoins Sa Majesté d'en disposer, ainsi qu'Elle le jugera à propos: Voulant que lorsqu'il viendra à vaquer des Majorités dans les régimens Provinciaux, elles soient données par préférence à ceux des Capitaines de Grenadiers-royaux, de qui il sera rendu les meilleurs témoignages, lesquelles Majorités, ils ne pourront prendre pendant la guerre, qu'après la campagne finie.

Sa Majesté étant au surplus dans l'intention de n'employer dans lesdits régimens, que des sujets dont le zèle & les talens seront connus, Elle se fera rendre compte de la conduite de ceux qui les composeront, & de leur exactitude à remplir leur devoir.

25.

L'ARTICLE 25 de l'Ordonnance du 27 novembre 1765, qui règle le temps du service à six années, la peine des galères contre ceux qui s'absenteront sans congé de la troupe dont ils seront, & dix années au-delà du terme de leur engagement, à ceux qui ne se rendront pas au quartier d'assemblée ou qui en déserteront, aura son entière exécution; mais comme les Soldats n'avoient point encore été assemblés, Sa Majesté veut bien se porter, pour cette fois-ci seulement, à n'exiger qu'un service de deux ans au-delà de leur engagement, de ceux qui jusqu'à la publication de la présente Ordonnance, auront déserté pour s'engager dans les Troupes de Sa Majesté, & d'où ils vont être tirés en conséquence des ordres qu'Elle a donnés à ce sujet, pour être rendus à leur bataillon.

26.

LES Grenadiers, Soldats & Tambours des régimens Provinciaux, auront la liberté d'aller travailler où ils voudront, pendant que leurs bataillons ne seront pas assemblés; à la charge de se représenter toutes les fois que Sa Majesté jugera convenable au bien de son service, d'indiquer une nouvelle assemblée; à l'effet de quoi ils seront tenus de déclarer l'endroit où ils voudront aller, aux Maire, Échevins, Consuls, Syndics ou Marguillers de leur paroisse, qui leur en délivreront une permission par écrit, laquelle leur servira de passeport dans les différens lieux du royaume qu'ils auront à traverser: lesdits Maire & Échevins seront tenus d'en donner avis au Major du régiment.

27.

L'INTENTION de Sa Majesté est que lesdits régimens de Grenadiers-royaux & provinciaux soient assemblés de nouveau au mois de Mai de l'année prochaine.

28.

SA MAJESTÉ toujours occupée du desir de ménager ses peuples, ne fera point cette année, de nouvelle levée de Soldats provinciaux; mais lorsque ceux qui ont été levés en 1766, auront accompli le terme de leur service, elle leur fera donner leur congé absolu, & fera connoître ses intentions sur le remplacement des Soldats congédiés, lequel sera fait de la manière la plus favorable pour ses peuples, & sur-tout ceux de la campagne, qui méritent toute sa protection.

Veut au surplus Sa Majesté, que ses Ordonnances précédentes, & notamment celle du 27 novembre 1765, concernant les Milices, auxquelles Elle n'entend déroger qu'en ce qui se trouvera contraire à la présente, soient exécutées selon leur forme & teneur.

Mande & ordonne Sa Majesté aux Gouverneurs & ses Lieutenans généraux en ses provinces, au Lieutenant général de police de la ville de Paris, pour ce qui concerne le régiment de ladite ville, aux Intendans des provinces du royaume, de s'employer, chacun à leur égard, à l'exacte observation & exécution de la présente ordonnance : Ordonne aussi Sa Majesté aux Gouverneurs & Commandans de ses villes & places, aux Commissaires des guerres, & à tous Baillis, Sénéchaux, Prevôts, Juges, leurs Lieutenans & autres ses Officiers qu'il appartiendra, de tenir la main à ladite exécution. Fait à Compiegne le quatre août mil sept cent soixante-onze. *Signé* LOUIS. *Et plus bas*, Monteynard.

A PARIS,
DE L'IMPRIMERIE ROYALE.

M. DCCLXXI.

www.ingramcontent.com/pod-product-compliance
Lightning Source LLC
LaVergne TN
LVHW020458230826
846091LV00008BA/3264
9782329351278